어린이

공룡
대백과

Little 신인류

공룡이란 무엇일까요?

중생대 트라이아스기 후기에 나타나 쥐라기와 백악기에 크게 번성하다가 백악기 말에 멸종된 동물입니다. 명칭은 1841년 영국의 고생물학자 리처드 오언이 모든 화석파충류를 한데 묶어 디노사우르라고 한 것을 동양에서 '공룡'이라고 번역하면서 쓰이기 시작했습니다. 디노스(dinos)는 '무서울 정도로 큰 것'이라는 뜻이고, 사우르(saur)는 '도마뱀'이라는 뜻입니다. 처음에는 모든 화석파충류를 공룡이라고 불렀는데, 그 뒤 성질이 다른 화석파충류를 분류하여 용반목과 조반목만을 따로 공룡이라고 부르게 되었습니다. 공룡은 골격이나 이빨의 어떤 부분이 파충류와 비슷한데도 여타 부분은 포유류와 유사한 특징이 있으며, 키노그나투스가 대표적입니다. 이 밖에 수치류·족제비용류 등의 몸의 구조가 포유류와 비슷하고 트리딜로돈(Thridilodon)이라는 소형의 설치류 비슷한 것이 잘 알려져 있다. 쥐라기에는 이미 포유류형 파충류에서 원시적인 포유류가 나타났습니다.

공룡의 먹이는 무엇일까요?

대부분의 공룡은 초식성이거나 육식성이었습니다. 마이아사우라와 유플로케팔루스처럼 입이 넓적한 초식 공룡은 갖가지 식물을 한입 가득 낚아채 먹었는데 반해, 에드몬트사우루스나 스테고사우루스처럼 입이 작은 공룡은 특정한 식물만을 뜯어먹었다고 생각됩니다. 초식 공룡이 먹을 수 있는 식물은 키에 따라 좌우되었습니다. 레소토사우루스처럼 작은 공룡은 지면에 낮게 자란 식물을 뜯어먹었지만, 긴 목을 가진 원시용각류와 용각류는 나무꼭대기의 잎이 무성한 가지를 먹었습니다. 티라노사우루스와 알로사우루스와 같은 대형 육식 공룡인 수각류는 자기보다 큰 초식 공룡까지 물어뜯어 먹었습니다. 데이노니쿠스와 같은 작은 육식 공룡은 주로 작은 초식 공룡을 무리지어 사냥했지만, 이구아노돈처럼 커다란 조각류를 쓰러뜨리기도 했습니다. 일부 공룡은 아주 한정된 먹이만을 먹었습니다. 악어 이빨을 가진 바리오닉스는 물고기를 먹었으며, 이빨이 없는 오비랩터는 작은 동물을 먹고 살았던 것으로 여겨집니다.

공룡의 특징은 무엇일까요?

공룡의 다리는 포유류나 조류처럼 몸통 바로 아래에 붙어 있기 때문에 무릎과 팔꿈치가 곧습니다. 반면에 파충류는 다리가 몸통 옆에 붙어 있어서 기어가는 형태를 하고 있습니다. 공룡이란 중생대에 살았던 대형 파충류 가운데 육지에서 생활한 것을 말합니다.

익룡이나 어룡, 수장룡을 공룡의 무리로 생각하기 쉽지만 사실 공룡과는 다른 계통으로 봐야 합니다.

공룡은 엉덩이뼈의 모양에 따라서 용반목(용의 엉덩이뼈를 닮은 것)과 조반목 (새의 엉덩이뼈를 닮은 것)으로 나누는데 이 용반목과 조반목만이 정확하게 공룡이라고 부를 수 있습니다. 아직까지도 공룡에 대해 통일된 분류는 없지만 계통도를 참고하기 바랍니다. 신기한 것은 공룡은 다른 파충류들과는 달리 포유류처럼 다리가 몸통 바로 밑에 있어서 두 발로 걸어다녔다는 점입니다. 그래서 강한 심장도 가지고 있었다고 합니다. 공룡은 참 신기한 동물이죠?

공룡의 적에 대한 방어법은?

백악기가 끝나갈 무렵 초식 공룡 중에서는 사나운 포식자 들로부터 자신을 보호하기 위해 뿔, 뾰족한 돌기, 방패 같은 껍질을 자신들의 방어수단으로 진화시킨 공룡들이 나타났습니다. 예를 들면 큰뿔공룡은 크기가 오늘날의 코뿔소 정도였습니다. 큰 힘을 발휘할 수 있는 단단한 몸집에 무거운 뿔과 목 장식을 지탱할 수 있는 단단한 근육질의 다리를 가졌습니다. 스테고사우루스 종류는 골판 조각을 가진 공룡입니다. 등에 끝이 뾰족한 골판 조각들이 두 줄로 솟아 있어 갑옷의 역할도 하고 체온도 식혀 주었습니다. 스테고사우루스 중에는 꼬리에까지 뾰족한 돌기가 난 것들도 있었습니다. 갑옷 공룡은 등이 뼈로 된 판으로 덮여 있고 그 위로 뾰족한 혹이 많이 나있습니다. 어떤 공룡은 양옆구리에 삐죽한 창이 나 있는 것도 있었습니다. 적의 공격을 받으면 몸을 움츠려 방어 하였습니다.

고생대

디메트로돈 · 10 / 디플로카울루스 · 12 / 메소사우루스 · 14 / 모스콥스 · 16 / 세이모리아 · 18 / 스쿠토사우루스 · 20 / 암모나이트 · 22 / 고생대의 공룡들 · 24 / 에리옵스 · 28 / 유스데놉테론 · 30 / 익티오스테가 · 32 / 페터라스피스 · 34 / 헤미시클라스피스 · 36 / 힐로노무스 · 38 / 고생대의 공룡들 · 40

트라이아스기

노토사우루스 · 44 / 라고수쿠스 · 46 / 리스트로사우루스 · 48 / 멜라노로사우루스 · 50 / 살토푸스 · 52 / 스카포닉스 · 54 / 트라이아스기 공룡들 · 56 / 유스켈로사우루스 · 62 / 유파르케리아 · 64 / 콜로라디사우루스 · 66 / 프롬콤프소그나투스 · 68 / 플라노케팔로사우루스 · 70 / 피사노사우루스 · 72 / 헤테로돈토사우루스 · 74 / 트라이아스기 공룡들 · 76

쥐라기

게루마노다쿠디루스 · 80 / 다토사우루스 · 82 / 드리오사우루스 · 84 / 디플로도쿠스 · 86 / 레소토사우루스 · 88 / 스쿠텔로사우루스 · 90 / 스테고사우루스 · 92 / 쥐라기의 공룡들 · 94 / 아르케옵테릭스 · 98 / 암모사우루스 · 100 / 에우헬로푸스 ·

102 / 엘라프로사우루스 · 104 / 울트라사우루스 · 106 / 제라노사우루스 · 108 / 캄프토사우루스 · 110 / 쥐라기의 공룡들 · 112

백악기

가루디미무스 · 116 / 노아사우루스 · 118 / 데이노니쿠스 · 120 / 데이노케이루스 · 122 / 드라비도사우루스 · 124 / 람베오사우루스 · 126 / 백악기의 공룡들 · 128 / 마이크로케라톱스 · 132 / 모사사우루스 · 134 / 무타부라사우루스 · 136 / 보로고비아 · 138 / 브라키케라톱스 · 140 / 세케르노사우루스 · 142 / 백악기의 공룡들 · 144 / 아랄로사우루스 · 148 / 알리노케라톱스 · 150 / 아마르가사우루스 · 152 / 안킬로사우루스 · 154 / 안타르크토사우루스 · 156 / 엘라스모사우루스 · 158 / 오우라노사우루스 · 160 / 백악기의 공룡들 · 162 / 이구아노돈 · 166 / 인도수쿠스 · 168 / 콩고랩터 · 170 / 탈라루루스 · 172 / 테논토사우루스 · 174 / 테리지노사우루스 · 176 / 트로돈 · 178 / 백악기의 공룡들 · 180 / 트리케라톱스 · 182 / 타라노사우루스 · 184 / 팍소사우루스 · 186 / 프로토케라톱스 · 188 / 프테라노돈 · 190 / 하피미무스 · 192 / 힙실로포돈 · 194 / 백악기의 공룡들 · 196

찾아보기 · 198

알아봅시다! 고생대의 생물

선캄브리아대의 지층이 대부분 편마암·편암 등의 변성암인 데 비하여 고생대의 지층은 주로 퇴적암으로 구성되어 있는데, 특히 캄브리아기의 지층을 비롯한 하부 고생대층은 선캄브리아대의 순상지 주변을 따라 발달하였습니다. 캄브리아기에는 초기부터 여러 종류의 무척추동물 화석이 다량으로 산출되어 선캄브리아대와는 현저한 대조를 이룹니다. 그러나 대부분의 동물은 그 조직과 구조가 아직 원시적이며, 겉껍질은 각질 또는 키틴질로 되어 있고, 석회질 껍질을 가진 것은 나타나지 않았습니다. 이 시기에는 특히 삼엽충과 완족류가 전체의 90%를 차지하고 있습니다.

오르도비스기에 이르면 나우틸로이드·판상산호·사방산호 등 무척추동물이 중요한 위치를 차지하는데, 특히 필석류는 오르도비스기와 실루리아기에 걸쳐 번성하였으므로

이 두 시기를 필석류의 시대라고 합니다. 오르도비스기에는 최초의 척추동물로서 무악류라는 원시어류가 출현하고, 실루리아기 후기에는 식물들이 육지로 상륙하기 시작하였습니다. 고생대 후기에 이르면 척추동물이 현저하게 발전하여 데본기에는 무악류, 연골어류 및 경골어류 등 그 종류가 다양해지며 크게 번성했기 때문에 이 시기를 어류의 시대라고 합니다. 또한 데본기 말기에는 양서류가 최초로 출현하여 육지에서 살게 되어 척추동물이 발전하는 계기가 되었습니다.

디메트로돈

고생대 /3m /육식 /북아메리카

육식성 반룡류로 북아메리카에서 발견되었습니다. 등에 나 있는 돛은 체온을 조절하기 위한 것으로 생각됩니다. 강력한 턱에 날카로운 이빨을 가진 이 시대 최강의 생물이었습니다.

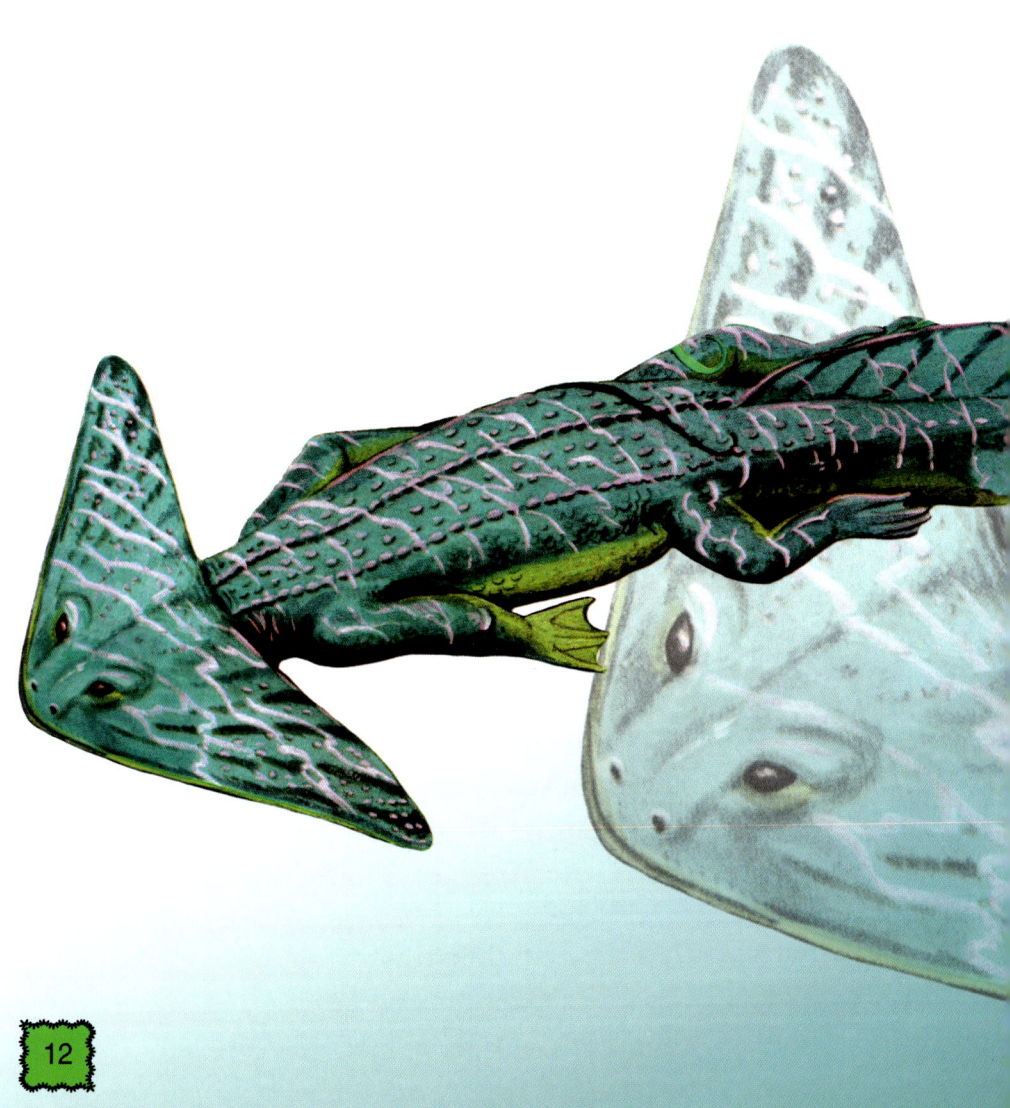

디플로카울루스

고생대 /80cm /육식 /북아메리카

양서류에 속하는 원시적인 도룡뇽류의 하나입니다. 납작한 삼각형 두개골과 짧은 네 다리가 있으며, 물결 모양으로 상하로 움직여 전진하며 소택지에 서식하였습니다.

메소사우루스

고생대 /70cm /육식 /남아프리카

이름은 '중간 정도 되는 크기의 도마뱀'이라는 뜻입니다. 메소사우루스는 네 발이 있었는데 발가락 사이사이에는 물갈퀴가 있어서 헤엄치기에 적당했습니다. 또한 꼬리는 길고 아래위에서 눌러 놓은 것처럼 납작해서 물갈퀴와 함께 헤엄치는 데 큰 역할을 한 것으로 보입니다.

모스콥스

고생대 / 2.5m / 초식 / 아프리카

초식성 수궁류로 디노케파르스류이나, 육식성 티타노스쿠스류에서 진화하였습니다. 같은 형태를 한 여러 개의 약한 이빨이 턱에 있어서 식물을 떼어 내는 데 사용되었습니다. 자세가 높아서 포유류에 가까운 걸음으로 걸었습니다.

세이모리아

고생대 /60cm /육식 /텍사스

세이모리아는 양서류가 진화한 것으로 보고 있습니다. 사실상, 귀가 두개골에 위치한 것과 같은 양서류의 특징과 하나의 척추를 가지고 있는 파충류의 특징을 가지고 있습니다. 매우 희귀하고 유명한 화석입니다.

스쿠토사우루스

고생대 /2.3m /초식 /러시아

스쿠토사우루스의 겉모습은 매우 당당하고 위엄 있어 보일 뿐만 아니라 몸 표면에 울퉁불퉁한 돌기는 저돌적인 모습처럼 보이지만, 실제로는 삐죽 내밀듯이 붙어 있는 다리가 민첩하지 못하고 훌륭한 몸매에 어울리지 않게 걸을 때도 꾸물꾸물 걸었다고 합니다.

암모나이트

고생대~백악기 / 2cm~2.5m / 전세계

껍데기는 보통 평면 나선형으로 감고 있으습니다. 껍데기는 나선형의 고리가 많은 것과 적은 것, 감기다가 풀린 것과 늘어난 것 등 다양합니다. 생존기간이 짧았으나 종류가 많으며 세계 각지의 중생대 지층에서 널리 산출됩니다.

고생대의 공룡들

디메트로돈

디플로카울루스

암모나이트

알아봅시다! 고생대의 기후

고생대 초기인 캄브리아기에는 당시에 고위도 지역이던 중국과 모로코 등지까지 비교적 두꺼운 탄산염암층이 발달한 것으로 미루어 현재보다 온난했던 것으로 보입니다. 그러나 오르도비스기 후기에는 아프리카와 남아메리카의 남위 50° 범위 내에 넓은 빙성층이 형성되어 당시 남반구의 기온이 현재보다 낮은 상태였음을 보여줍니다. 실루리아기와 데본기는 퇴적층의 분포로 보아 현재의 기후와 비슷했을 것 같습니다. 석탄기 초기부터 페름기까지는 남극 주변부의 기온이 급격히 떨어져 당시 남극권 주위에 모여 있던 아프리카 남부·남아메리카·남극대륙·호주 및 인도대륙에 두꺼운 빙성층이 형성되었습니다. 그러나 당시 적도 부근에 위치한 유럽대륙과 북아메리카대륙의 대부분은 열대 및 아열대 지역이었고, 고위도 지역인 일본에는 탄산염암이 형성된 것으로 보아 북극권 주변은 남극권보다 온난하였던 것으로 추정됩니다. 페름기 초기에는 다소 기온이 떨어졌으나 중기 이후 회복되었고, 북아메리카와 러시아 및 유럽 지역은 당시 북위 15~30°의 범위로, 탄산암염 등이 두껍게 발달되었습니다.

에리옵스

고생대 /2m /육식 /멕시코

넓은 턱을 가지고 있으며, 날카롭고 작은 이가 일렬로 박혀있습니다. 주로 물가에 잠입하여 있다가 먹이를 사냥하였습니다.

유스데놉테론

고생대 /60cm /육식 /북아메리카

지금으로부터 3억 7000만 년 전인 데본기 후기에 최초로 나타난 양서류입니다. 그것은 물고기가 진화한 것으로서 폐가 발달하였고 지느러미가 다리로 변하였습니다. 육지로 올라와 살았을 것으로 보고 있습니다.

익티오스테가

고생대 /1m /육식 /그린랜드

꼬리에 지느러미가 있었으며, 물고기와 매우 닮은 형태를 가지고 있었습니다. 이 생물들은 수상 생활에서 육상 생활로 바꾸는 과정에 있었던 최초의 척추동물과 진화적으로 매우 가까웠을 것으로 생각됩니다.

페테라스피스

고생대 / 20cm / 육식 / 유럽

원시의 턱이 없는 물고기들은 오늘날 장어, 먹장어의 특징을 가지고 있습니다. 이들은 각질의 이빨을 가지고 있으며, 깔대기 모양의 흡입력을 가진 입을 가지고 있습니다. 이 원시 물고기는 데본기에 번성했으나 멸종했습니다.

헤미시클라스피스

고생대 /19cm /초식 /유럽

앞부분이 무거워 머리를 낮추고 바닥 가까이로 다닙니다. 어깻죽지에 피질의 지느러미가 있기도 하지만, 꼬리로 헤엄을 칩니다. 턱이 없기 때문에 진흙이나 찌꺼기를 둥근 입으로 빨아들여, 먹을 수 있는 알갱이는 걸러내고 나머지는 목 양쪽에 있는 틈을 통해 밖으로 내뱉습니다.

힐로노무스

고생대 /20cm /육식 /캐나다

파충류의 한 종류입니다. 긴 꼬리, 짧은 목, 깊은 두개골이 있었습니다. 앞니는 뒷니보다 더 길었습니다. 4개의 발에는 5개의 긴 발가락이 있었고 그것을 이용하여 곤충류를 잡아먹었습니다.

고생대의 공룡들

에리옵스

유스데놉테론

알아봅시다! 트라이아스기의 정의와 기후

삼첩기라고도 합니다. 고생대의 페름기와 중생대의 쥐라기 사이에 있는 시대입니다. 2억 3000만 년 전에서 1억 8000만 년 전까지 약 5000만 년 간 계속되었습니다. 삼이라는 말은 독일의 트라이아스계가 3개 층으로 뚜렷이 구분된 데서 나온 것입니다. 그런데 독일의 트라이아스계는 하부인 육성, 중부인 해성층, 상부인 육성층으로 되어 있어, 육성층이 우세하여 세계적인 대비를 위한 표준층서로 쓸 수 없으므로 표준층서로서는 동·남알프스에 분포된 석회암을 주로 한 해성층이 사용됩니다. 트라이아스기는 세계적으로 해퇴의 시대이며, 해성층은 태평양을 둘러싼 지대와 북극해 연안 지역에 국한되어 있습니다. 테티스해에는 석회질 퇴적물이 많고 암모나이트로 트라이아스계가 더 작은 지층 단위로 구분됩니다. 트라이아스기 중엽에는 세계 각지에서 해퇴가 일어난 곳이 있고, 트라이아스기 말에는 조산운동이 일어난 곳(미국의 Palisade 변란)이 있습니다.

트라이아스기의 기후는 해퇴가 많이 일어나서 육지가 넓었던 시대이므로 내륙에는 건조한 사막이 발전되어 있었습니다. 페름기에는 빙하가 증가된 곳이 있었으나 트라이아스기에는 빙하의 흔적은 없습니다. 트라이아스기는 대체로 세계적으로 온난한 기후였던 것으로 생각됩니다.

노토사우루스

트라이아스기 /3m /육식 / 북아메리카

이름은 '가짜 도마뱀'이라는 뜻입니다. 발가락 사이에는 물갈퀴가 있어서 헤엄을 치기에 적당했고, 입은 오리 입처럼 생겼고, 꼬리는 길어서 전체적으로 우스꽝스럽게 보이지만 보이는 것과는 달리 활발하게 움직일 수 있었습니다.

라고수쿠스

트라이아스기 /30cm /육식 / 아르헨티나

라고수쿠스의 뼈는 새처럼 안이 공동으로 되어 있는데 그 우아하고 민첩한 움직임으로 호수 주위를 뛰어다녔습니다. 작고 재빠른 도마뱀류를 잡아먹고 빠른 속도와 가벼운 몸놀림으로 적으로부터 몸을 지켰습니다.

리스트로사우루스

트라이아스기 / 1m / 초식 / 남아프리카

이 자그마한 몸집의 공룡은 넓적한 머리뼈와 단단한 턱을 가지고 있습니다. 상악골이 길게 뻗어 송곳니처럼 보이지만, 이것은 이빨이 아니라 식물을 물어 뜯는 데 사용합니다.

멜라노로사우루스

트라이아스기 /12m /초식 / 남아프리카

거대한 고용각류의 하나. 이 공룡은 아주 큰 몸집과 거대한 다리, 긴 꼬리를 가졌습니다. 비록 모든 고용각류들처럼 멜라노로사우루스 무리는 뒷다리로 설 수 있었지만, 거대한 몸집 때문에 주로 네 발로 걸어 다녔습니다.

살토푸스

트라이아스기 /60cm /육식 / 스코틀랜드

이 공룡은 프로콤프소그나투스의 체격과 유사하지만, 훨씬 더 작고 가볍습니다. 골반 뼈의 배열은 프로콤프소그나투스보다 더 진화했고, 달릴 때 꽤 단단히 다리를 고정시킬 수 있도록 되어 있습니다.

스카포닉스

트라이아스기 /1.5m /초식 / 유럽

발은 음식을 긁기에 강하게 만들어졌습니다. 구부러진 부리는 긁어 모으고, 숨겨져 있는 뿌리를 찾기에 이상적입니다.

트라이아스기 공룡들

노토사우루스

라고수쿠스

알아봅시다! 트라이아스기의 생물

동물계는 페름기의 대절멸의 시대를 살아 남은 종류들이 새로운 환경하에서 번성하기 시작하였습니다. 고생대 말기까지 멸종한 사방산호류 대신에 육방산호(현생 산호와 같다)가 번성하기 시작하였고, 방추충이 멸종한 뒤에 다른 유공충이 남았으나 크게 발전하지는 못하였습니다. 두족류인 암모나이트는 크게 발전하기 시작했습니다. 큰 양서류는 페름기의 것이 살아 남았다가 트라이아스기 말에 멸종하고, 개구리 종류가 출현하였습니다. 석탄기에 생겨난 파충류는 트라이아스기 말에 최초의 포유류를 파생시켰으며, 그 뼈의 화석은 영국과 독일에서 발견되었습니다. 캄브리아대부터 고생대를 지나 트라이아스기까지 화석으로 발견되는 코노돈트 화석은 트라이아스기 말에 자취를 감추고 쥐라기 이후에는 발견되지 않았습니다. 파충류는 트라이아스기에 급속

히 발전하여 Phytosaurus와 Dinosaurus(공룡)로 퍼져나갔습니다. 전자는 악어와 비슷한 종류이며 트라이아스기에 살다가 이 기 말에 멸종하였습니다. 공룡류는 길이 수m 정도의 무섭지 않은 것들이 살았으며, 쥐라기 이후의 크고 무서운 공룡의 선조가 되었습니다. 물로 돌아간 파충류(어룡, Ichthyosaurus와 Plesiosaurus)도 있었습니다. 식물계는 겉씨식물이 많아졌으며, 지름이 3m, 높이가 60m인 송백류의 규화목이 발견되었습니다.

알아봅시다! 한국의 트라이아스기

한국의 트라이아스계로는 하부 트라이아스계인 동고층이 있습니다. 층(페름계 상부의) 위를 덮는 녹암통도 트라이아스계에 속합니다. 정선탄전에는 두께 2,500m에 달하는 녹암통이 있는데, 이는 암질에 따라 몇 개의 층으로 세분되어야 할 것으로 생각됩니다. 대천 부근의 중생대층은 하부에 상부 트라이아스계의 지층을 가지고 있습니다. 이런 사실은 식물화석으로 알려졌습니다. 지층의 분포로 보아 트라이아스기에는 중기에 조산운동이 있었음을 알 수 있습니다. 즉 삼척탄전의 동고층과 정선탄전의 소위 녹암통은 페름계와 연속적으로 퇴적된 트라이아스계 하부이고, 대천 부근의 쥐라계 하위에 연속적으로 분포된 아미산층은 트라이아스계 상부이며, 트라이아스계 중부는 결여되어 있습니다.

하부 트라이아스계와 상부 트라이아스계가 분포지를 달리

하며, 상부 트라이아스계가 덮은 암석이 편마암·대석회암통, 즉 평안계로 되어 있으므로 트라이아스기 중엽에는 습곡작용이 있어서 평안계의 퇴적분지를 파괴하고 다른 곳에 퇴적분지를 형성할 정도의 습곡작용과 이에 따른 침식작용이 있은 후에 대동계가 퇴적된 것으로 보입니다. 이 습곡작용은 평남 겸이포 송림 부근에서 처음 발견되어 송림운동이라고도 합니다.

유스켈로사우루스

트라이아스기 /8m /초식 /레소토

이 공룡은 모든 고용각류들처럼 긴 목과 꼬리를 가지고 있었고, 뒷발로 걷는 것이 가능했습니다.

유파르케리아

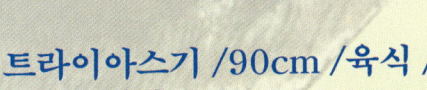

트라이아스기 / 90cm / 육식 / 남아프리카

몸이 작고 가늘며 등에서 꼬리까지 골판으로 된 단단한 가죽으로 덮여 있습니다. 앞다리는 뒷다리에 비해 짧고 가늘며, 뒷다리는 튼튼하고 길어서 뒷다리만으로도 보행을 할 수 있었을 것으로 봅니다.

콜로라디사우루스

트라이아스기 /4m /초식 / 아르헨티나

콜로라디사우루스는 4족 보행과 2족 보행을 겸한 작은 고용각류입니다. 이 공룡의 이름은 발견지인 아르헨티나의 로스 콜로라도 층의 이름을 따서 지어졌습니다.

프롬콤프소그나투스

트라이아스기 /1m /육식 / 유럽

지금까지 발견된 공룡 중 가장 작은 공룡중의 하나입니다. 파충류이나 다른 작은 사냥감을 쫓아 낚아챌 수 있도록 빠르고 민첩한 몸집을 가졌습니다.

플라노케팔로사우루스

트라이아스기 /20cm /육식 / 잉글랜드

머리에 부리가 달린 파충류로서 200백만 년 전에 살았습니다. 현재 뉴질랜드 해안에 사는 가장 오래 된 파충류인 투아타라의 조상격이 됩니다.

피사노사우루스

트라이아스기 /90cm /초식 / 아르헨티나

피사노사우루스는 초기 오르니토포드 종류로서 몸집이 작았습니다. 큰 도마뱀처럼 생겼으며 뒷다리로 서서 뛰어다녔습니다.

헤테로돈토사우루스

트라이아스기 / 1.2m / 초식 / 남아프리카

헤테로돈토사우루스는 '다양한 종류의 이빨을 가진 도마뱀'이라는 뜻을 가지고 있으며 작고 뾰족한 이빨로 잘게 자르고, 커다란 어금니로는 씹고, 두 쌍의 송곳니로는 먹이를 찢어 먹었습니다.

트라이아스기 공룡들

유스켈로사우루스

헤테로돈토사우루스

유파르케리아

알아봅시다! 쥐라기의 정의

트라이아스기 후의 약 1억 8000만 년 전부터 백악기 전의 약 1억 3500만 년 전까지의 4500만 년 간입니다. 명칭은 이 시대에 생성된 지층이 잘 발달한 프랑스·스위스·독일의 삼국에 걸쳐 있는 쥐라산맥에서 유래한 것으로, 1829년 A.T.브로니아르가 명명하였습니다. 이 시대에는 육상에 거대한 파충류가 살았고, 바다에는 암모나이트가 있었습니다. 식물로는 은행나무류·소철류 등의 겉씨식물이 번성했습니다. 또한 조류와 속씨식물이 출현한 것도 이 시대입니다.

한반도에서는 쥐라기에 해당하는 지층이 이른바 대동누층군입니다. 대동누층군은 평양 부근·충남탄전지대·문경탄전지대·단양-영월탄전지대·김포탄전지대 등 한반도 전역에 분포합니다. 거의가 육성층으로, 많은 수의 겉씨식물 화석을 비롯하여 에스테리테스(Estherites) 등의 동물화석이 발견됩니다. 쥐라기 말기에 한국 전역에 걸쳐 일어난 대보조산운동에 의해 복잡한 지질구조를 보여줌으로써 백악기의 경상층군을 비롯한 그 이후의 지층과는 좋은 대조를 이루고 있습니다. 대동누층군 하부에서 발견된 에스테리테스가 일본에서는 트라이아스기 상부에서 산출되며, 대동식물군의 일부가 트라이아스기에 해당하는 것으로 알려져, 대동누층군의 하부가 트라이아스기 말기 상부까지 연장된 것으로 보입니다.

게루마노닥틸루스

쥐라기 /60cm /육식 /유럽

가볍고 면적이 넓은 날개로 글라이더처럼 높은 하늘을 날았습니다. 시력이 뛰어나며 해안가에서 주로 살았습니다. 물고기를 주로 잡아먹었습니다.

다토사우루스

쥐라기 /14m /초식 /중국

보통 용각류 공룡들의 두개골이 작고 약해서 발견되는 일이 드문 데 비해, 이 공룡은 완전한 두개골이 발견되었습니다. 하지만 그 두개골과 골격이 동일한 공룡의 것이라고 확실히 단정 짓기는 어렵습니다.

드리오사우루스

쥐라기 /3m /초식 /아프리카

'참나무 도마뱀' 이라는 뜻을 가진 드리오사우루스는 이빨 모양이 참나무 잎같이 생겼습니다. 힙실로포돈트 중에서 가장 초기의 공룡이며 가장 몸집이 크답니다.

디플로도쿠스

쥐라기 /27m /초식 /북아메리카

몸길이가 공룡 중 최대입니다. 코는 머리 꼭대기에 있어 콧구멍이 위를 향하고 있는 등 수중생활에 적응했음을 보여 주고 있습니다. 주로 늪지대에 살면서 육식 공룡의 공격을 받으면 깊은 물로 대피한 것으로 여겨집니다.

레소토사우루스

쥐라기 /90cm /초식 /남아프리카

레소토사우루스는 오늘날의 남아프리카 레소토에 있는 뜨겁고 건조한 초원 지대에서 살았습니다. 날카롭고 뾰족한 이빨은 작은 화살촉처럼 생겼으며 질긴 식물을 씹어 먹는 데 사용되었습니다.

스쿠텔로사우루스

쥐라기 / 1.2m / 초식 / 북아메리카

'작은 방패를 지닌 도마뱀'이라는 뜻을 가진 스쿠텔로사우루스는 스테고사우루스와 안킬로사우루스의 조상입니다. 등과 옆구리는 딱딱한 돌기로 뒤덮여 있습니다.

스테고사우루스

쥐라기 /9m /초식 /북아메리카

스테고사우루스는 몸집에 비해 작은 머리를 지녔으며 입은 딱딱한 부리 구조로 되어 있었습니다. 다른 스테고사우루스 종류들처럼 등에 난 골판은 체온 조절용으로 여겨집니다. 이 경우에는 골판이 핏줄이 뻗어 있는 피부로 덮여 있었던 것으로 보입니다.

쥬라기의 공룡들

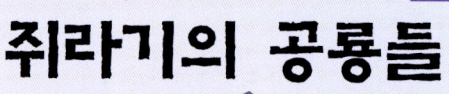
드리오사우루스

다토사우루스

스테고사우루스

알아봅시다! 쥐라기의 환경

쥐라기 초에는 트라이아스기와 비슷하게 약간 한랭하였던 듯하나 빙하가 흐를 정도는 아니었습니다. 이는 곤충들이 작아지고 암모나이트에 큰 것이 없는 것으로 보아 짐작됩니다. 쥐라기와 백악기 초기까지의 식물의 세계는 따뜻하고 습기가 많은 강변에 식물이 무성하였는데, 아직 양치식물과 겉씨식물뿐이었습니다. 즙이 많고 1년 내내 열매가 맺는 베네티타목 등은 당시 번성하고 있던 용각류나 검룡류가 좋아하는 먹이였다고 생각됩니다. 양치 식물이나 그 밖의 겉씨식물의 어린 잎도 부드럽고 맛있는 먹이였습니다. 그러나 은행나무목은 일반적으로 유독 물질이 함유되어 있어서, 먹을 수 없었던 것 같습니다. 쥐라기 중기가 되면서 그린랜드나 남극 등에서도 식물이 풍부하게 자라고 있었습니다. 중기에서 후기에 걸쳐서는 고위도 지방도 온난한 기후였습니다. 세계 각지에 석탄층이 많이 생성되었음을 보아 쥐라기 중엽 이후는 퍽 습윤하고 온난한 시대였음을 알 수 있습니다. 그러나 미국에는 사막에 쌓인 사암이 넓은 범위에 걸쳐 있어 사막 기후였다는 것을 나타냅니다. 쥐라기 중엽까지 육상에서 성공적 지위를 누리던 겉씨식물들은 쥐라기 초에 첫 선을 보인, 혁신된 생식 수단을 갖춘 속씨식물과의 경쟁에서 차츰 우위를 잃게 되었으며, 백악기 말 무렵에는 한대나 열대의 오지로 완전히 밀려났습니다.

아르케옵테릭스

쥐라기 /35cm /잡식 /유럽

쥐라기 후기에 번성했던 공룡으로서 생김새가 마치 새처럼 깃털이 달려 있어 고생물학자들은 새처럼 날았으리라는 추측을 하고 있으며, 먹이습성은 날카로운 이빨 생김새로 보아 곤충이나 또는 과일 등을 먹었으리라 짐작됩니다.

암모사우루스

쥐라기 /2.5m /초식 /미국

고용각류의 공룡 중 중간 정도 크기에 해당하는, 이 원시적인 초식 공룡은 작은 머리와 긴 목, 그리고 거대한 몸집으로 특징지어집니다. 4족 보행을 하며 1800년대 미국 북동부의 코네티컷에서 뒷부분의 절반이 발견되어 알려졌습니다.

에우헬로푸스

쥐라기 /15m /초식 /중국

숟가락 모양의 이빨과 긴 목, 부피가 큰몸, 긴 꼬리를 가지고 있으며, 몸무게는 대략 24톤 정도입니다. 성질이 온순하고 무리지어 생활했습니다.

엘라프로사우루스

쥐라기 /3.5m /육식 /아프리카

'가벼운 파충류'라는 뜻의 엘라프로사우루스는 초기 타조 공룡이었을 것으로 생각됩니다. 탄자니아의 텐다구루에 있는 화석층에서 화석이 발견되었습니다.

울트라사우루스

쥬라기 / 30m / 초식 / 아메리카

몸 길이가 30m에 달하는 이 공룡은 사상 최대의 공룡 중 하나로, 길고 강한 목과 튼튼한 다리를 가지고 있습니다. 성질이 온순하고 무리지어 생활했습니다.

제라노사우루스

쥐라기 /1.2m /초식 /남아프리카

제라노사우루스의 턱뼈가 1911년 브롬에 의해 남아프리카에서 발견되었습니다. 이 공룡의 앞니는 나머지 이빨보다도 더 크며, 송곳니처럼 생겼습니다.

캄프토사우루스

쥐라기 /7m /초식 /북아메리카

조반류의 일반적인 형태를 갖추었으며, 각룡·갑주룡 등의 조상과 비슷한 공룡으로 보입니다. 두 발 또는 네 발로 걸었고, 식성은 두개골이나 치아 등의 형태로 보아 초식성이었을 것으로 추정됩니다.

111

쥐라기의 공룡들

아르케옵테릭스

캄프토사우루스

엘라프로사우루스

암모사우루스

에우헬로푸스

울트라
사우루스

케라노사우루스

알아봅시다! 백악기의 정의

쥐라기 후, 신생대 제3기 전에 해당합니다. 약 1억 3,500만 년 전부터 약 6,500만 년 전까지의 약 7,000만 년간의 시대입니다. 이 시대의 명칭은 유럽에서 이 시대에 해당하는 지층이 특징적인 백악으로 이루어져 있어서 명명된 것입니다. 동물계에서는 암모나이트가 뚜렷하게 번영을 누렸고, 이매패의 이노세라무스와 삼각패의 트리고니아, 그리고 대형유공충도 번성하였습니다. 공룡도 크게 발전하였으나 암모나이트·이노세라무스 등과 함께 백악기 말에 절멸하였습니다. 식물계에서는 백악기 중엽에 큰 변혁이 일어나서 백악기 전기까지 번성한 겉씨식물 대신 후기부터는 속씨식물의 쌍떡잎류가 우세하게 되었습니다. 큰 해침이 일어난 시대이지만, 그 시대 말 또는 그 직후에는 전세계적으로 해퇴가 일어났습니다. 한반도에서는 경상층군이 백악기에 해당하는 지층입니다. 경상층군은 육성층으로 구성되어 있어 백악기의 대표적인 화석 암모나이트는 아직 발견되지 않았으나 육서 또는 담수서 동식물의 화석은 적지 않습니다. 경상층군이 퇴적되는 동안 여러 차례의 화산활동이 수반되었으며 백악기 후기에는 불국사 화성암류의 관입이 있었습니다.

가루디미무스

백악기 /3m /잡식 /몽골

가루디미무스도 이빨이 없고 오늘날의 타조를 닮았습니다. 하지만 타조와는 다르게 발가락(4개)을 더 가지고 있고, 눈 위에는 뒤쪽으로 뾰족한 뿔이 있었습니다. 또한 짧은 엉덩이 뼈와 상대적으로 짧은 정강이뼈, 발목뼈 등을 가졌습니다.

노아사우루스

백악기 / 2.1m / 육식 / 아르헨티나

아르헨티나 북서부에서 발견된 이 공룡은 낫과 같은 발톱을 가진 발을 가졌습니다. 또한 이 발톱은 드로마에오사우루스류에서 볼 수 있는 것처럼 훌륭한 수축근에 의해 잘 들어 올릴 수 있었습니다.

120

데이노니쿠스

백악기 / 3m / 육식 / 북아메리카

이 공룡의 이름은 '무서운 발톱'이라는 뜻의 두 발의 두 번째 발가락에 달려 있는 구부러진 큰 낫 모양의 발톱 때문에 이런 이름으로 갖게 되었습니다. 뛸 때에는 이 발톱을 뒤로 젖혔다가 공격할 때는 앞으로 내린 것으로 여겨집니다.

데이노케이루스

백악기 /10m /육식 /몽골

20~30cm 정도 되는 갈고리 모양의 발톱이 있어서 먹이를 공격하고 죽이기 위해 사용했을 것으로 추정되며 한쌍의 팔만이 남몽골에서 발견되었습니다. 타조공룡류의 일종일 수도 있다고 추정됩니다.

드라비도사우루스

백악기 / 3m / 초식 / 인도

인도에서 발견된 드라비도사우루스는 백악기 후기의 것으로 알려진 유일한 스테고사우루스류입니다. 이 공룡의 등판은 얇고 삼각형 모양입니다.

람베오사우루스

백악기 /12m /초식 /캐나다

머리 위의 우뚝 솟은 속이 텅텅 빈 골즐이 특징입니다. 이 골즐의 형태는 성별, 나이 등에 따라 약간의 차이를 보이는데 일반적으로 눈 위에서 앞쪽으로 튀어나온 형태가 대부분입니다. 골즐의 속은 콧구멍과 연결되어 있어 후각 기능을 도운 것으로 추측됩니다.

백악기의 공룡들

노아사우루스

가루디미무스

알아봅시다! 백악기 전기

전기 백악기는 온난 습윤하고 따뜻한 시대였습니다. 극에도 빙상이 없었고, 남북의 온도 차가 적었다는 것이 식물 화석 특징 등을 통해 추정되고 있습니다. 이것은 세계적으로 식물군의 분포가 균일하여 고적도로부터 70°에 이르는 높은 위도에까지 아열대성 식물이 번성하였다는 것을 의미합니다. 그리하여 오늘날 남아메리카 아열대성 우기삼림에서 성장하는 것과 유사한 고사리류와 소철로 된 식물군이 발달되었습니다. 양극에는 대륙이 분포하고 있었는데, 지층의 기록에 의하면 빙상은 발달되어 있지 않았습니다. 대륙 내부에 있는, 바다에 의해 생긴 지층의 분포 등을 통해 생각하면, 당시는 지금보다 해면이 300m나 높았다고 추정됩니다.

백악기 시대의 중, 저위도 해역의 심층 해수 온도는 현재와 비교해서 약 15℃나 높았습니다. 즉, 지구가 온난하여 극에는 빙상이 발달하지 않고 해수의 온도도 높았으며, 특히 심층에는 뜨뜻미지근한 고염분 농도의 바닷물이 정체하고 있었습니다. 해면은 높고, 지표의 약 60%가 물 속에 잠겨 있었습니다. 이처럼 온난하고 해수면이 높은 지구 환경은, 현재에 비해 훨씬 많은 화산 활동으로 인한 해양저의 상승과, 이산화탄소의 방출에 의한 온실 효과에 의해 조성된 것입니다.

백악기 당시에는 남극권이었던 호주 남동부와 북극권이었던 알래스카 북부 등에서 공룡 화석이 많이 발견되고 있습니다. 이러한 점에서 백악기라는 시대는 전 지구적으로 매우 온난한 시기였음을 상상할 수 있습니다.

마이크로케라톱스

백악기 /60cm /초식 /중국

마이크로케라톱스는 알려진 뿔룡 가운데에서 가장 작은 공룡입니다. 전체적으로 몸길이에 대한 뒷발의 길이가 조반류 공룡들에 비해서 비정상적으로 긴데, 이것은 이 공룡이 두 발로도 달릴 수 있었을 것이라는 추측을 하게 해 주는 것입니다.

133

모사사우루스

백악기 /9m /육식 /유럽

바닷속에 사는 거대한 공룡도 도마뱀의 한 종류랍니다. 이빨이 원추형으로 아주 날카롭고 뾰족합니다. 모사사우루스에게 여러 번 물린 자국이 깊게 새겨진 암모나이트가 발견되는 것으로 보아 암모나이트를 잡아 먹었던 것으로 보입니다.

무타부라사우루스

백악기 /7m /초식 /호주

이구아노돈 종류는 이빨이 고르게 나 있지 않습니다. 앞쪽 주둥이에는 이빨이 하나도 없고 입 안쪽에만 있습니다. 튼튼한 주둥이로는 식물을 잡아 뜯고 안쪽 이빨은 꼭꼭 씹는 데 사용했습니다. 코 위가 두텁고 돌출되어 있는 것이 특징입니다.

보로고비아

백악기 /2m /육식 /유럽

보로고비아는 길고 날씬한 다리를 가지고 있어 빠른 속도로 달려 포유류들을 사냥하였습니다.

브라키케라톱스

백악기 /1.8m(미성체) /초식 /미국

짧은 얼굴과 프릴은 반 정도만 발달되어 있었습니다. 그런데 같은 곳에서 성체인 케라톱시안이 발견되어서, 그 어린 표본은 가족 구성원 무리의 하나에 포함되었습니다.

세케르노사우루스

백악기 /3m /초식 /아르헨티나

두번째의 가장 원시적인 오리부리룡으로 알려져 있습니다. 남반구에서 최초로 발견된 오리부리룡입니다.

백악기의 공룡들

마이크로케라톱스

보로고비아

알아봅시다! 백악기 중기

백악기에는 바다가 밀려 들어왔기 때문에, 낮은 육지가 해수면 아래로 가라앉게 되었습니다. 그래서 북방의 로라시아 대륙은 동아시아와 북아메리카 서부에 걸친 부분과, 유럽과 북아메리카 동부에 걸친 부분으로 갈라졌습니다. 한편 남방의 곤드와나 대륙은 제각기 다른 형태로 갈라져 멀리 떨어져 나갔습니다. 백악기 초에는 화산 활동이 활발하여 온실 효과에 의한 온난화가 진행되었을 것으로 생각됩니다. 지구상의 많은 장소에 열대나 온대의 물이 골고루 퍼져 있고 극에는 얼음이 없었다고 합니다. 그러나 백악기 말기에 고위도 65°~78°에 위치한 여러 곳에서, 빙산에 의한 표류 운반으로 밖에는 생각할 수 없는 특별히 큰 외래성 암괴가 발견되고 있습니다. 그러한 장소에서 가까운 곳에도 공룡은 살고 있었습니다. 이를테면 백악기의 남극 대륙에서 육식과 초식의 공룡이 발견되고 있습니다. 오늘날의 호주 남동 해안 지역은 백악기의 어떤 시기에는 남극의 위도에 있으면서, 연 평균 기온 5℃ 이하의 한랭한 기후 상태에 있었습니다. 남양산목, 은행나무류의 나이테는 계절성을 보입니다. 거기에 있던 공룡은 조각류 힙실로포돈과의 3속 5종(모두 고유종), 수각류 3종(소속 불명), 알로사우루스 등이 있습니다.

백악기 중기에 지구에는 계절이 생겨나고, 4계절의 변화가 있었다는 것이 식물의 화석을 통해 밝혀졌습니다. 백악기 후기에 이르러서는 한랭한 기후가 시작되어 신생대에도 이 한랭화가 지속되었습니다.

아랄로사우루스

백악기 /6m /초식 /카자흐스탄

이 공룡은 위턱과 아래턱에 다른 이빨을 가지고 있었는데, 그것으로서 이 공룡이 오리부리룡 무리임을 알 수 있었습니다.

알리노케라톱스

백악기 /9m /초식 /캐나다

캐나다 앨버타에서 발견된 이 공룡은 가시로 무장된 목 방패를 가지고 있었습니다. 그리고 아주 짧은 코 뿔과 약간 앞으로 굽은 2개의 긴 이마 뿔을 가지고 있었습니다.

아마르가사우루스

백악기 /10m /초식 /남아메리카

목에 이상한 가시나 돛 같은 것이 달려 있는 아마르가사우루스는 소형의 용각류입니다. 이 돛은 얇은 막이 쳐져 체온 조절용으로 쓰였다는 설도 있고, 단단한 에나멜질로 덮혀 포식자의 공격을 방어하기 위한 것이었다는 설도 있습니다.

안킬로사우루스

백악기 /10m /초식 /북아메리카

'뻣뻣한 도마뱀'이라는 뜻을 가진 안킬로사우루스는 같은 종류 중에서 가장 크기가 큽니다. 꼬리의 뼈들이 하나로 붙어 있어 마치 곤봉 손잡이처럼 뻣뻣하기 때문에 붙여진 이름입니다. 꼬리 끝에는 딱딱하고 큰 덩어리뼈가 붙어 있었습니다.

안타르크토사우루스

백악기 /18m /초식 /남아메리카

긴 목을 이용해 꼭대기에 있는 먹이를 먹을 수 있었습니다. 다른 공룡들이 도달할수 없는 높이의 먹이도 먹을 수 있었습니다.

엘라스모사우루스

백악기 /14m /육식 /북아메리카

긴 목을 평소에는 S자 모양으로 구부려서 등 쪽을 향하고 있다가 먹이를 발견하면 목을 쑥 돌려 뻗어서 먹이를 잡았습니다. 주로 물고기나 오징어를 먹었고 날아가는 익룡에게도 공격을 했습니다. 다리가 변해 이루어진 지느러미는 그 기능이 뛰어나 헤엄은 물론 잠수도 잘했습니다.

오우라노사우루스

백악기 /7m /초식 /서아프리카

가장 큰 특징은 등에 가지런히 솟아오른 부채 모양의 돌기입니다. 이 돌기는 더울 때나 추울 때 체온 조절용으로 쓰인 것으로 생각됩니다. 그리고 얼굴의 생김새는 이구아노돈의 무리에 속하면서도 에도몬토사우루스와 닮았습니다.

백악기의 공룡들

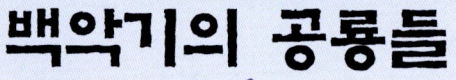
알리노케라톱스

아랄로사우루스

아마르가사우루스

안킬로사우루스

엘라스모사우루스

오우라노사우루스

안타르크토사우루스

알아봅시다! 백악기 말기와 대륙분포

 백악기 중기 무렵부터 말기에 걸쳐서는 매우 따스한 시대였습니다. 그러나 약 9100만 년 전에는 한랭화한 기상 이변이 일어났던 것 같습니다. 네덜란드 해양 연구 센터의 카이파즈 박사 팀은, 탄소 동위 원소의 존재 비율을 이용해 이런 커다란 이변을 밝혀냈습니다.

 탄소에는 12C와 13C(질량수 12와 13)이라는 동위 원소가 있습니다. 생물이 이산화탄소가 필요할 때에는 질량이 가벼운 12C를 많이 섭취합니다. 그래서 지구 온난화로 생물의 활동이 활발해지면, 대기 중에 남아 있는 13C의 12C에 대한 비율이 커지고, 반대로 냉각되면 그 비율이 작아집니다.

 박사 팀은 해저 보링으로 얻은 당시 식물 중의 탄소 동위 원소의 비율을 측정한 결과, 6만 년 정도 전에 지구가 한랭화하였다는 것을 실증하였습니다. 현재의 식물을 광합성 효율에 따라 분류하면 온난화 아래서는 C3, 추워지면 C4 타입으로 나뉘는데, 이 시대에 이미 C4 타입이 나타났다고 합니다. 대륙들이 계속 떨어져 감에 따라 대서양은 천천히 북쪽으로 넓어져 갔습니다. 약 8000만 년 전에는 얕은 바다가 북아메리카, 아프리카, 동유럽 등을 침범하여, 공룡들의 이동을 일시적으로 막았습니다. 공룡 시대의 끝 무렵인 6400만 년 전에는 거의 모든 대륙들이 지금의 자리로 이동했고, 바다는 사하라 사막으로부터 물러갔습니다.

이구아노돈

백악기 /9m /초식 /유럽

'이구아나 이빨'이라는 뜻을 가진 이구아노돈은 뾰족한 창 같은 '엄지'를 가지고 있었습니다. 이것은 적과 싸울 때 무기로 사용된 것으로 추측됩니다.

인도수쿠스

백악기 /6m /육식 /인도

티라노사우루스와 비슷한 종류지만 몸은 작고 원시적입니다. 작고 날카로운 이빨을 가지고 있습니다.

콩고랩터

백악기 /1.5m /육식 /몽골

콩고랩터는 짧고, 높은 머리를 가지고 있습니다. 뿔처럼 생긴 부리는 앵무새의 것과 유사해 보이는데, 아마 이 부리는 알이나 연체동물의 껍질을 부수는데 사용된 것 같습니다. 이 공룡의 머리에는 볏이 없습니다.

탈라루루스

백악기 /5m /초식 /몽골

탈라루루스는 몽골에서 발견된 공룡입니다. 이 공룡은 엉덩이와 등, 꼬리에 이르기까지 뼈로 된 두꺼운 골판으로 무장을 하고 있으며, 육식 공룡으로부터 방어를 할 수 있도록 뼈로 된 꼬리 곤봉도 가지고 있었습니다.

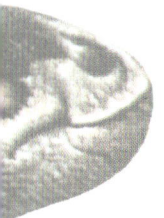

테논토사우루스

백악기 /6m /초식 /미국

몬타나 화석지에서 몇 개의 해골과 함께 발견되었습니다. 이 화석의 발견은 식물을 먹는 초식공룡이었던 테논토사우루스를 약탈자인 데이노니쿠스가 공격하는 상황이라고 추정됩니다.

테리지노사우루스

백악기 /12m /초식 /몽골

이 공룡의 골격 구조는 수수께끼로 남아 있습니다. 이 공룡에게는 0.6m 정도 길이의 낫과 같은 날카로운 발톱이 있었는데, 이것은 먹이감을 공격하거나 해치는 무서운 무기로 사용된 것 같습니다.

트로돈

백악기 / 2m / 육식 / 캐나다

조류나 포유류와 비슷한 크기의 뇌를 가지고 있어서 다른 공룡보다 훨씬 지능이 높은 것으로 추정되고 있습니다. 큰 뇌와 넓은 시야를 볼 수 있도록 전면으로 튀어나온 두 눈, 두 발로 걷는 걸음걸이, 물건을 잡을 수 있게 생긴 앞발 등을 지닌 이 공룡은 진화가 상당히 진척된 상태임을 말해줍니다.

백악기의 공룡들

콩고랩터

인도수쿠스

이구아노돈

트리케라톱스

백악기 /9m /초식 /미국

네 다리로 보행하며, 몸에 비해서 머리가 큽니다. 입 끝은 새의 부리 모양입니다. 두 눈과 콧등 위에 앞 위쪽을 향해서 튀어나온 긴 뿔이 3개 달려 있으며, 후두부에는 넓은 골판이 목을 감싸고 있습니다.

티라노사우루스

백악기 /15m /육식 /북아메리카

'폭군 파충류의 제왕'이라는 뜻을 가지고 있는 티라노사우루스는 티라노사우루스렉스라는 정식 이름으로도 불립니다. 과학자들은 티라노사우루스 정도의 거대한 몸집이면 모든 동물 위에 군림하면서 맘이 내키면 아무 때나 또 무엇이든 죽일 수 있었을 것이라고 생각하여 이런 이름을 붙였습니다.

팍소사우루스

백악기 /2m /초식 /캐나다

긴 목과, 각질의 부리가 있는 작은 머리를 가진 공룡입니다. 앞발은 짧지만 강합니다. 또한 뒷다리만으로도 달릴 수 있었지만, 풀을 뜯어 먹을 때는 네 다리로 모두 땅을 짚었으리라고 추측됩니다.

프로토케라톱스

백악기 /2m /초식 /아시아

8천2백만 년 전인 백악기 후기에 번성했던 공룡입니다. 몸의 특징은 꼬리가 길었으며 앞뒤 다리의 크기가 비슷했고, 화석은 아시아 쪽에서 발견되었습니다.

프테라노돈

백악기 /2m /육식 /미국

익룡의 일종입니다. 테라노돈·익수룡이라고도 합니다. 용골은 대단히 크고, 날개를 움직이는 가슴 근육이 붙어 있었습니다. 새나 박쥐와 달리 앞발의 네 번째 발가락이 길게 늘어나 그 발가락 위에 가죽 날개가 붙어 있었습니다.

하피미무스

백악기 /2m /초식 /몽고

 하피미무스는 신화의 새인 하피를 닮았다는 뜻으로, 타조형 공룡 중에서 가장 오래 되었습니다. 아래 턱의 끝이 두텁지 않고, 이빨이 10개 정도 있습니다. 아래 턱뼈는 아래쪽으로 굽어 있습니다.

힙실로포돈

백악기 /1.5m /초식 /유럽

'깊이 골이 진 이빨'이라는 뜻을 가진 힙실로포돈은 입의 앞쪽에 이빨이 하나도 없으며 뒤쪽에만 날카로운 이빨이 솟아 있습니다. 이들은 식물을 먼저 부리로 뜯어서 입 안으로 넣어 이빨로 잘게 씹은 것으로 여겨집니다.

백악기의 공룡들

트리케라톱스

팍소사우루스

티라노사우루스

찾아보기

- **ㄱ** 가르디미무스 · 116
  게르마노다쿠디루스 · 80

- **ㄴ** 노아사우루스 · 118
  노토사우루스 · 44

- **ㄷ** 다토사우루스 · 82
  데이노니쿠스 · 120
  데이노케이루스 · 122
  드라비도사우루스 · 124
  드리오사우루스 · 84
  디메트로돈 · 10
  디플로도쿠스 · 86
  디플로카울루스 · 12

- **ㄹ** 라고수쿠스 · 46
  람베오사우루스 · 126
  레소토사우루스 · 88
  리스트로사우루스 · 48

- **ㅁ** 마이크로케라톱스 · 132
  메소사우루스 · 14
  멜라노로사우루스 · 50
  모사사우루스 · 134
  모스콥스 · 16
  무타부라사우루스 · 136

- **ㅂ** 보로고비아 · 138
  브라키케라톱스 · 140

- **ㅅ** 살토푸스 · 52
  세이모리아 · 18
  세케르노사우루스 · 142
  스카포닉스 · 54
  스쿠텔로사우루스 · 90
  스쿠토사우루스 · 20
  스테고사우루스 · 92

- **ㅇ** 아랄로사우루스 · 148

아르케옵테릭스 · 98
아마르가사우루스 · 152
안킬로사우루스 · 154
안타르크토사우루스 · 156
알리노케라톱스 · 150
암모나이트 · 22
암모사우루스 · 100
에리옵스 · 28
에우헬로푸스 · 102
엘라스모사우루스 · 158
엘라프로사우루스 · 104
오우라노사우루스 · 160
울트라사우루스 · 106
유스데놉테론 · 30
유스켈로사우루스 · 62
유파르케리아 · 64
이구아노돈 · 166
익티오스테가 · 32
인도수쿠스 · 168

ㅈ 제라노사우루스 · 108

ㅋ 캄푸토사우루스 · 110
콜로라디사우루스 · 66
콩고랩터 · 170

ㅌ 탈라루루스 · 172
테논토사우루스 · 174
테리지노사우루스 · 176
트로돈 · 178
트리케라톱스 · 182
티라노사우루스 · 184

ㅍ 팍소사우루스 · 186
페테라스피스 · 34
프롬콤프소그나투스 · 68
프로토케라톱스 · 188
프테라노돈 · 190
플라노케팔로사우루스 · 70
피사노사우루스 · 72

ㅎ 하피미무스 · 192
헤미시클라스피스 · 36
헤테로돈토사우루스 · 74
힐로노무스 · 38
힙실로포돈 · 194

한 권으로 보는 공룡의 세계

| 2015년 6월 5일 인쇄·발행

| 펴낸곳 | 도서출판 신인류
| 펴낸이 | 임화순
| 기 획 | Little SININRYU
| 주 소 | 서울시 노원구 한글비석로 47길 31
| 전화 (02)938-5828 | 팩스 (02)932-3537
| 등 록 | 1998년 9월 18일 제22-1424호

ISBN 978-89-88576-68-7
값 12,000원

ⓒ 도서출판 신인류 2005
Printed in Korea.